화엄경 제78권 (입법계품 39-19) 해설

"대성자시여, 저는 일찍이 보리심을 발했으나 아직 어떻게 보살행을 하고 닦는 것인지 잘 모르고 있습니다. 일생에 무상보리를 얻으시고 수기를 받으셨다면 이미 모든 보살들이 머무는 곳을 초월하여 생사를 여의었을 정이니 그 방법을 일러 주옵소서."

"알았다. 그대는 이미 용맹정진으로 소원이 혼잡하지 않고 머리에 불을 끄드시 선지식을 친근하고 있구나. 이 장자의 아들은 문수보살에게서 발심하여 110성을 지나 큰 법의 바다를 건너 큰 도에 이르렀으니 이런 사람은 보기도 어렵고 함께 하기도 어렵다. 보리심은 물과 같아 번뇌를 씻어주고 큰 바람과 같아 걸림이 없느니라."

하고 여러 가지 비유를 들어 보리심을 칭찬하였다.

보리심은 불·해·달·등불·깨끗한 눈·큰 길·큰 지혜·건너주는 것·큰 수레·문·궁전·공원·집·돌아간 곳·아버지·어머니·유모·선우·국왕·황제·큰 바다·수미산·철위산·설산·향산·허공·연꽃·길든 코끼리·양순한 말·약·함정·금강·향합·꽃·백전단·검은 침향·선견약·비가마약·제석·비사문·공덕천·장엄거리·겁말에 타는 불·뿌리없는 나무·용의 턱구슬·여의주·공덕병·여의수·거위 옷·흰 털실·보습·살·창·갑옷·칼·장수·톱·도끼·병장기·손·발·안약·쪽집게·완구·선지식·보물·길잡이·묻힌 갈무리·솟는 샘·거울·큰 강·큰 용왕·목숨·이슬·그물·오랏줄·낚시미끼·아가다약·소독약·주문·뒤 바뀐 독·질풍·종자·주택·대장간·끌·바른 길·좋은 그릇·단비·거처해야 할 곳·바이두우랴·제청보·청수·잠부나다금·큰 산·옳은 이익·묘한 보배·보시의 모듬·높고 훌륭한 것·묻힌 갈무리·인드라 그믈·불·불탑과 같은 갖가지 비유로 한 없이 칭찬하였다.

入法界品 第三十九之一
(입법계품 제삼십구지일)

十九
(십구)

爾時善財童子合掌恭敬
(이시선재동자합장공경)

重白彌勒菩薩摩訶薩言大
(중백미륵보살마하살언대)

聖我已先發阿耨多羅三藐
(성아이선발아녹다라삼먁)

三菩提心而我未知菩薩云
(삼보리심이아미지보살운)

何學菩薩行云何修菩薩道
(하학보살행운하수보살도)

大聖一切如來授尊者記一
대성일체여래수존자기일

生當得阿耨多羅三藐三菩
생당득아녹다라삼먁삼보

提若一生當得無上菩提則
리약일생당득무상보리즉

已超越一切菩薩所住處則
이초월일체보살소주처즉

已出過一切菩薩離生位則
이출과일체보살리생위즉

已圓滿一切波羅蜜則已深
이원만일체바라밀즉이심

入一切諸忍門則已具足一
입일체제인문즉이구족일

切(체)菩(보)薩(살)地(지)則(즉)已(이)遊(유)戲(희)一(일)切(체)解(해)

脫(탈)門(문)則(즉)已(이)成(성)就(취)一(일)切(체)三(삼)昧(매)法(법)

則(즉)已(이)通(통)達(달)一(일)切(체)菩(보)薩(살)行(행)則(즉)已(이)

證(증)得(득)一(일)切(체)陀(다)羅(라)尼(니)辯(변)才(재)則(즉)已(이)

於(어)一(일)切(체)菩(보)薩(살)自(자)在(재)中(중)而(이)得(득)自(자)

在(재)則(즉)已(이)積(적)集(집)一(일)切(체)菩(보)薩(살)助(조)道(도)

法(법)則(즉)已(이)遊(유)戲(희)智(지)慧(혜)方(방)便(편)則(즉)已(이)

出生大神通智則已成就一
출생대신통지즉이성취일

切學處則已圓滿一切妙行
체학처즉이원만일체묘행

則已滿足一切大願則已領
즉이만족일체대원즉이영

受一切佛所記則已了知一
수일체불소기즉이요지일

切諸乘門則已堪受一切如
체제승문즉이감수일체여

來所護念則已能攝一切佛
래소호념즉이능섭일체불

菩提則已能持一切佛法藏
보리즉이능지일체불법장

則已能持一切諸佛菩薩秘
즉이능지일체제불보살비

密藏則已能於一切菩薩衆
밀장즉이능어일체보살중

中爲上首則已能爲破煩惱
중위상수즉이능위파번뇌

魔軍大勇將則已能作出生
마군대용장즉이능작출생

死曠野大導師則已能作治
사광야대도사즉이능작치

諸惑重病大醫王則已能於
제혹중병대의왕즉이능어

一切衆生中爲最勝則已能
일체중생중위최승즉이능

於一切世主中得自在則已
어일체세주중득자재즉이

能於一切聖人中最第一則
능어일체성인중최제일즉

已能於一切聲聞獨覺中最
이능어일체성문독각중최

增上則已能於生死海中爲
증상즉이능어생사해중위

船師則已能布調伏一切衆
선사즉이능포조복일체중

生網則已能觀一切衆生根
생망즉이능관일체중생근

則已能攝一切衆生界則已
즉이능섭일체중생계즉이

能守護一切菩薩衆則已能
능수호일체보살중즉이능

談議一切菩薩事則已能往
담의일체보살사즉이능왕

詣一切如來所則已能住止
예일체여래소즉이능주지

一切如來會則已能現身一
일체여래회즉이능현신일

切衆生前則已能於一切世
체중생전즉이능어일체세

法無所染則已能超越一切
법무소염즉이능초월일체

魔境界則已能安住一切佛
마경계즉이능안주일체불

사경의 공덕은 십만억 부처님께 공양한 것과 같은 공덕이 있습니다.

境(경)界(계)則(즉)已(이)能(능)到(도)一(일)切(체)菩(보)薩(살)無(무)

礙(애)境(경)則(즉)已(이)能(능)精(정)勤(근)供(공)養(양)一(일)切(체)

佛(불)則(즉)已(이)與(여)一(일)切(체)諸(제)佛(불)法(법)同(동)體(체)

性(성)已(이)繫(계)妙(묘)法(법)繒(증)已(이)受(수)佛(불)灌(관)頂(정)

已(이)住(주)一(일)切(체)智(지)已(이)能(능)普(보)生(생)一(일)切(체)

佛(불)法(법)已(이)能(능)速(속)踐(천)一(일)切(체)智(지)位(위)大(대)

聖(성)菩(보)薩(살)云(운)何(하)學(학)菩(보)薩(살)行(행)云(운)何(하)

修菩薩道隨所修學疾得具
足一切佛法悉能度脫所念
衆生普能成滿所發大願普
能究竟所起諸行普能安慰
一切天人不負自身不斷三
寶不虛一切佛菩薩種能持
一切諸佛法眼如是等事願

사경의 공덕은 십만억 부처님께 공양한 것과 같은 공덕이 있습니다.

皆(개) 爲(위) 說(설)

爾(이) 時(시) 彌(미) 勒(륵) 菩(보) 薩(살) 摩(마) 訶(하) 薩(살) 觀(관)

察(찰) 一(일) 切(체) 道(도) 場(량) 衆(중) 會(회) 指(지) 示(시) 善(선) 財(재)

而(이) 作(작) 是(시) 言(언) 諸(제) 仁(인) 者(자) 汝(여) 等(등) 見(견) 此(차)

長(장) 者(자) 子(자) 今(금) 於(어) 我(아) 所(소) 問(문) 菩(보) 薩(살) 行(행)

諸(제) 功(공) 德(덕) 不(부) 諸(제) 仁(인) 者(자) 此(차) 長(장) 者(자) 子(자)

勇(용) 猛(맹) 精(정) 進(진) 志(지) 樂(락) 無(무) 雜(잡) 深(심) 心(심) 堅(견)

然 연	識 식	受 수	諸 제	近 근	頭 두	固 고
後 후	經 경	文 문	仁 인	供 공	然 연	恒 항
而 이	由 유	殊 수	者 자	養 양	無 무	不 불
來 래	一 일	教 교	此 차	處 처	有 유	退 퇴
至 지	百 백	展 전	長 장	處 처	厭 염	轉 전
於 어	一 일	轉 전	者 자	尋 심	足 족	具 구
我 아	十 십	南 남	子 자	求 구	樂 낙	勝 승
所 소	善 선	行 행	囊 낭	承 승	善 선	希 희
未 미	知 지	求 구	於 어	事 사	知 지	望 망
曾 증	識 식	善 선	福 복	請 청	識 식	如 여
暫 잠	已 이	知 지	城 성	法 법	親 친	救 구

起(기) 一(일) 念(념) 疲(피) 懈(해) 諸(제) 仁(인) 者(자) 此(차) 長(장) 者(자)
子(자) 甚(심) 爲(위) 難(난) 有(유) 趣(취) 向(향) 大(대) 乘(승) 乘(승) 於(어)
大(대) 慧(혜) 發(발) 大(대) 勇(용) 猛(맹) 擐(환) 大(대) 悲(비) 甲(갑) 以(이)
大(대) 慈(자) 心(심) 救(구) 護(호) 衆(중) 生(생) 起(기) 大(대) 精(정) 進(진)
波(바) 羅(라) 蜜(밀) 行(행) 作(작) 大(대) 商(상) 主(주) 護(호) 諸(제) 衆(중)
生(생) 爲(위) 大(대) 法(법) 船(선) 度(도) 諸(제) 有(유) 海(해) 住(주) 於(어)
大(대) 道(도) 集(집) 大(대) 法(법) 寶(보) 修(수) 諸(제) 廣(광) 大(대) 助(조)

道之法如是之人難可得聞
難可得見難得親近同居共
行何以故此長者子發心救
護一切衆生令一切衆生解
脫諸苦超諸惡趣離諸險難
破無明暗出生死野息諸趣
輪度魔境界不着世法出欲

沒 몰	漂 표	諸 제	諂 첨	蓋 개	絶 절	淤 어
溺 닉	汩 골	仁 인	幻 환	裂 렬	迷 미	泥 니
者 자	者 자	者 자	淨 정	愛 애	道 도	斷 단
立 립	造 조	此 차	心 심	網 망	摧 최	貪 탐
大 대	大 대	長 장	垢 구	滅 멸	慢 만	鞅 앙
法 법	法 법	者 자	斷 단	無 무	幢 당	解 해
橋 교	船 선	子 자	癡 치	明 명	拔 발	見 견
爲 위	爲 위	爲 위	惑 혹	度 도	惑 혹	縛 박
被 피	被 피	被 피	出 출	有 유	箭 전	壞 괴
癡 치	見 견	四 사	生 생	流 류	撤 철	想 상
暗 암	泥 니	流 류	死 사	離 이	睡 수	宅 택

昏迷者然大智燈爲行生死
혼미자연대지등위행생사

曠野者開示聖道爲嬰煩惱
광야자개시성도위영번뇌

重病者調和法藥爲遭生老
중병자조화법약위조생로

死苦者飮以甘露令其安隱
사고자음이감로영기안은

爲入貪恚癡火者沃以定水
위입탐에치화자옥이정수

使得清涼多憂惱者慰喩使
사득청량다우뇌자위유사

安繫有獄者曉誨令出入見
안계유옥자효회령출입견

引 인	於 어	槃 반	者 자	懼 구	諸 제	網 망
之 지	六 륙	城 성	授 수	結 결	脫 탈	者 자
令 령	處 처	界 계	慈 자	賊 적	門 문	開 개
出 출	空 공	蛇 사	悲 비	者 자	在 재	以 이
住 주	聚 취	所 소	手 수	與 여	險 험	智 지
邪 사	落 락	纏 전	拘 구	無 무	難 난	劍 검
濟 제	者 자	解 해	害 해	畏 외	者 자	住 주
者 자	以 이	以 이	蘊 온	法 법	導 도	界 계
令 령	智 지	聖 성	者 자	墮 타	安 안	城 성
入 입	慧 혜	道 도	示 시	惡 악	隱 은	者 자
正 정	光 광	着 착	涅 열	趣 취	處 처	示 시

사경의 공덕은 십만억 부처님께 공양한 것과 같은 공덕이 있습니다.

濟(제)近(근)惡(악)友(우)者(자)示(시)其(기)善(선)友(우)樂(낙)凡(범)

法(법)者(자)誨(회)以(이)聖(성)法(법)着(착)生(생)死(사)者(자)令(영)

其(기)趣(취)入(입)一(일)切(체)智(지)城(성)諸(제)仁(인)者(자)此(차)

長(장)者(자)子(자)恒(항)以(이)此(차)行(행)救(구)護(호)衆(중)生(생)

發(발)菩(보)提(리)心(심)未(미)嘗(상)休(휴)息(식)求(구)大(대)乘(승)

道(도)曾(증)無(무)懈(해)倦(권)飮(음)諸(제)法(법)水(수)不(불)生(생)

厭(염)足(족)恒(항)勤(근)積(적)集(집)助(조)道(도)之(지)行(행)常(상)

多 다	諸 제	有 유	知 지	便 편	不 불	樂 락
羅 라	仁 인	教 교	識 식	見 견	捨 사	淸 청
三 삼	者 자	誨 회	身 신	善 선	精 정	淨 정
藐 먁	若 약	常 상	無 무	知 지	進 진	一 일
三 삼	有 유	樂 락	疲 피	識 식	成 성	切 체
菩 보	衆 중	順 순	懈 해	情 정	滿 만	法 법
提 리	生 생	行 행	聞 문	無 무	諸 제	門 문
心 심	能 능	未 미	善 선	厭 염	願 원	修 수
是 시	發 발	曾 증	知 지	足 족	善 선	菩 보
爲 위	阿 아	違 위	識 식	事 사	行 행	薩 살
希 희	耨 녹	逆 역	所 소	善 선	方 방	行 행

有유 若약 發발 心심 已이 又우 能능 如여 是시 精정 進진

方방 便편 集집 諸제 佛불 法법 倍배 爲위 希희 有유 又우

能능 如여 是시 求구 菩보 薩살 道도 又우 能능 如여 是시

淨정 菩보 薩살 行행 又우 能능 如여 是시 事사 善선 知지

識식 又우 能능 如여 是시 如여 救구 頭두 然연 又우 能능

如여 是시 順순 知지 識식 教교 又우 能능 如여 是시 堅견

固고 修수 行행 又우 能능 如여 是시 集집 菩보 提리 分분

사경의 공덕은 십만억 부처님께 공양한 것과 같은 공덕이 있습니다.

又能如是不求一切名聞利
우능여시불구일체명문리

養又能如是不捨菩薩純一
양우능여시불사보살순일

之心又能如是不樂家宅不
지심우능여시불락가택불

着欲樂不戀父母親戚知識
착욕락불련부모친척지식

但樂追求菩薩伴侶又能如
단락추구보살반려우능여

是不顧身命唯願勤修一切
시불고신명유원근수일체

智道應知展轉倍更難得諸
지도응지전전배갱난득제

仁者餘諸菩薩經於無量百
인자여제보살경어무량백

千萬億那由他劫乃能滿足
천만억나유타겁내능만족

菩薩願行乃能親近諸佛菩
보살원행내능친근제불보

提此長者子於一生內則能
리차장자자어일생내즉능

淨佛刹則能化衆生則能以
정불찰즉능화중생즉능이

智慧深入法界則能成就諸
지혜심입법계즉능성취제

波羅蜜則能增廣一切諸行
바라밀즉능증광일체제행

則能圓滿一切大願則能超
즉능원만일체대원즉능초

出一切魔業則能承事一切
출일체마업즉능승사일체

善友則能清淨諸菩薩道則
선우즉능청정제보살도즉

能具足普賢諸行
능구족보현제행

爾時彌勒菩薩摩訶薩如
이시미륵보살마하살여

是稱歎善財童子種種功德
시칭탄선재동자종종공덕

令無量百千衆生發菩提心
영무량백천중생발보리심

善 선	汝 여	三 삼	切 체	救 구	子 자	已 이
値 치	善 선	菩 보	佛 불	護 호	汝 여	告 고
如 여	得 득	提 리	法 법	一 일	爲 위	善 선
來 래	人 인	心 심	故 고	切 체	饒 요	財 재
出 출	身 신	善 선	發 발	衆 중	益 익	言 언
現 현	汝 여	男 남	阿 아	生 생	一 일	善 선
汝 여	善 선	子 자	耨 뇩	汝 여	切 체	哉 재
善 선	住 주	汝 여	多 다	爲 위	世 세	善 선
見 견	壽 수	獲 획	羅 라	勤 근	間 간	哉 재
文 문	命 명	善 선	三 삼	求 구	汝 여	善 선
殊 수	汝 여	利 리	藐 먁	一 일	爲 위	男 남

師利大善知識汝身是善器
사리대선지식여신시선기

爲諸善根之所潤澤汝爲白
위제선근지소윤택여위백

法之所資持所有解欲悉已
법지소자지소유해욕실이

淸淨已爲諸佛共所護念已
청정이위제불공소호념이

爲善友共所攝授何以故善
위선우공소섭수하이고선

男子菩提心者猶如種子能
남자보리심자유여종자능

生一切諸佛法故菩提心者
생일체제불법고보리심자

猶如良田能長衆生白淨法
유여양전능장중생백정법

故菩提心者猶如大地能持
고보리심자유여대지능지

一切諸世間故菩提心者猶
일체제세간고보리심자유

如淨水能洗一切煩惱垢故
여정수능세일체번뇌구고

菩提心者猶如大風普於世
보리심자유여대풍보어세

間無所礙故菩提心者猶如
간무소애고보리심자유여

盛火能燒一切見薪故菩
성화능소일체견신고보

提心者猶如淨日普照一切
리심자유여정일보조일체

諸世間故菩提心者猶如盛
제세간고보리심자유여성

月諸白淨法悉圓滿故菩提
월제백정법실원만고보리

心者猶如明燈能放種種法
심자유여명등능방종종법

光明故菩提心者猶如淨目
광명고보리심자유여정목

普見一切安危處故菩提心
보견일체안위처고보리심

者猶如大道普令得入大智
자유여대도보령득입대지

城(성)故(고)菩(보)提(리)心(심)者(자)猶(유)如(여)正(정)濟(제)令(영)

其(기)得(득)離(리)諸(제)邪(사)法(법)故(고)菩(보)提(리)心(심)者(자)

猶(유)如(여)大(대)車(거)普(보)能(능)運(운)載(재)諸(제)菩(보)薩(살)

故(고)菩(보)提(리)心(심)者(자)猶(유)如(여)門(문)戶(호)開(개)示(시)

一(일)切(체)菩(보)薩(살)行(행)故(고)菩(보)提(리)心(심)者(자)猶(유)

如(여)宮(궁)殿(전)安(안)住(주)修(수)習(습)三(삼)昧(매)法(법)故(고)

菩(보)提(리)心(심)者(자)猶(유)如(여)園(원)苑(원)於(어)中(중)遊(유)

菩 보	心 심	依 의	諸 제	提 리	舍 사	戲 희
薩 살	者 자	諸 제	世 세	心 심	宅 택	受 수
故 고	猶 유	菩 보	間 간	者 자	安 안	法 법
菩 보	如 여	薩 살	故 고	則 즉	隱 은	樂 락
提 리	慈 자	行 행	菩 보	爲 위	一 일	故 고
心 심	父 부	所 소	提 리	所 소	切 체	菩 보
者 자	訓 훈	依 의	心 심	歸 귀	諸 제	提 리
猶 유	導 도	處 처	者 자	利 이	衆 중	心 심
如 여	一 일	故 고	則 즉	益 익	生 생	者 자
慈 자	切 체	菩 보	爲 위	一 일	故 고	猶 유
母 모	諸 제	提 리	所 소	切 체	菩 보	如 여

生생 長장 一일 切체 諸제 菩보 薩살 故고 菩보 提리 心심

者자 猶유 如여 乳유 母모 養양 育육 一일 切체 諸제 菩보

薩살 故고 菩보 提리 心심 者자 猶유 如여 善선 友우 成성

益익 一일 切체 諸제 菩보 薩살 故고 菩보 提리 心심 者자

猶유 如여 君군 主주 勝승 出출 一일 切체 二이 乘승 人인

故고 菩보 提리 心심 者자 猶유 如여 帝제 王왕 一일 切체

願원 中중 得득 自자 在재 故고 菩보 提리 心심 者자 猶유

如여 大대 海해 一일 切체 功공 德덕 悉실 入입 中중 故고

菩보 提리 心심 者자 如여 須수 彌미 山산 於어 諸제 衆중

生생 心심 平평 等등 故고 菩보 提리 心심 者자 如여 鐵철

圍위 山산 攝섭 持지 一일 切체 諸제 世세 間간 故고 菩보

提리 心심 者자 猶유 如여 雪설 山산 長장 養양 一일 切체

智지 慧혜 藥약 故고 菩보 提리 心심 者자 猶유 如여 香향

山산 出출 生생 一일 切체 功공 德덕 香향 故고 菩보 提리

사경의 공덕은 십만억 부처님께 공양한 것과 같은 공덕이 있습니다.

心(심)者(자)猶(유)如(여)虛(허)空(공)諸(제)妙(묘)功(공)德(덕)廣(광)
無(무)邊(변)故(고)菩(보)提(리)心(심)者(자)猶(유)如(여)蓮(연)華(화)
不(불)染(염)一(일)切(체)世(세)間(간)法(법)故(고)菩(보)提(리)心(심)
者(자)如(여)調(조)慧(혜)象(상)其(기)心(심)善(선)順(순)不(불)獷(광)
戾(려)故(고)菩(보)提(리)心(심)者(자)如(여)良(량)善(선)馬(마)遠(원)
離(리)一(일)切(체)諸(제)惡(악)性(성)故(고)菩(보)提(리)心(심)者(자)
如(여)調(조)御(어)師(사)守(수)護(호)大(대)乘(승)一(일)切(체)法(법)

사경의 공덕은 십만억 부처님께 공양한 것과 같은 공덕이 있습니다.

故菩提心者猶如良藥能治
고보리심자유여양약능치

一切煩惱病故菩提心者猶
일체번뇌병고보리심자유

如坑穽陷沒一切諸惡法故
여갱정함몰일체제악법고

菩提心者猶如金剛悉能穿
보리심자유여금강실능천

徹一切法故菩提心者猶如
철일체법고보리심자유여

香篋能貯一切功德香故菩
향협능저일체공덕향고보

提心者猶如妙華一切世間
리심자유여묘화일체세간

諸 제	心 심	王 왕	周 주	心 심	檀 단	所 소
惑 혹	者 자	能 능	徧 변	者 자	除 제	樂 락
箭 전	如 여	破 파	故 고	如 여	衆 중	見 견
故 고	毗 비	一 일	菩 보	黑 흑	欲 욕	故 고
菩 보	笈 급	切 체	提 리	沈 침	熱 열	菩 보
提 리	摩 마	煩 번	心 심	香 향	使 사	提 리
心 심	藥 약	惱 뇌	者 자	能 능	淸 청	心 심
者 자	能 능	病 병	如 여	熏 훈	凉 량	者 자
猶 유	拔 발	故 고	善 선	法 법	故 고	如 여
如 여	一 일	菩 보	見 견	界 계	菩 보	白 백
帝 제	切 체	提 리	藥 약	悉 실	提 리	栴 전

釋一切主中最爲尊故菩提
석일체주중최위존고보리

心者如毘沙門能斷一切貧
심자여비사문능단일체빈

窮苦故菩提心者如功德天
궁고고보리심자여공덕천

一切功德所莊嚴故菩提心
일체공덕소장엄고보리심

者如莊嚴具莊嚴一切諸菩
자여장엄구장엄일체제보

薩故菩提心者如劫燒火能
살고보리심자여겁소화능

燒一切諸有爲故菩提心者
소일체제유위고보리심자

如(여)無(무)生(생)根(근)藥(약)長(장)養(양)一(일)切(체)諸(제)佛(불)
法(법)故(고)菩(보)提(리)心(심)者(자)猶(유)如(여)龍(용)珠(주)能(능)
消(소)一(일)切(체)煩(번)惱(뇌)毒(독)故(고)菩(보)提(리)心(심)者(자)
如(여)水(수)清(청)珠(주)能(능)清(청)一(일)切(체)煩(번)惱(뇌)濁(탁)
故(고)菩(보)提(리)心(심)者(자)如(여)意(의)珠(주)周(주)給(급)
一(일)切(체)諸(제)貧(빈)乏(핍)故(고)菩(보)提(리)心(심)者(자)如(여)
功(공)德(덕)瓶(병)滿(만)足(족)一(일)切(체)衆(중)生(생)心(심)故(고)

菩(보)提(리)心(심)者(자)如(여)如(여)意(의)樹(수)能(능)雨(우)一(일)
切(체)莊(장)嚴(엄)具(구)故(고)菩(보)提(리)心(심)者(자)如(여)鵝(아)
羽(우)衣(의)不(불)受(수)一(일)切(체)生(생)死(사)垢(구)故(고)菩(보)
提(리)心(심)者(자)如(여)白(백)氎(첩)線(선)從(종)本(본)已(이)來(래)
性(성)清(청)淨(정)故(고)菩(보)提(리)心(심)者(자)如(여)快(쾌)利(리)
犂(리)能(능)治(치)一(일)切(체)衆(중)生(생)田(전)故(고)菩(보)提(리)
心(심)者(자)如(여)那(나)羅(라)延(연)能(능)摧(최)一(일)切(체)我(아)

見敵故菩提心者猶如快箭
견적고보리심자유여쾌전

能破一切諸苦的故菩提心
능파일체제고적고보리심

者猶如利矛能穿一切煩惱
자유여리모능천일체번뇌

甲故菩提心者猶如堅甲能
갑고보리심자유여견갑능

護一切如理心故菩提心者
호일체여리심고보리심자

猶如利刀能斬一切煩惱首
유여리도능참일체번뇌수

故菩提心者猶如利劍能斷
고보리심자유여리검능단

一切憍慢鎧故 (일체교만개고)

菩提心者如勇將幢能伏 (보리심자여용장당능복)

一切諸魔軍故菩提心者猶 (일체제마군고보리심자유)

如利鋸能截一切無明樹故 (여리거능절일체무명수고)

菩提心者猶如利斧能伐一 (보리심자유여리부능벌일)

切諸苦樹故菩提心者猶如 (체제고수고보리심자유여)

兵仗能防一切諸苦難故菩 (병장능방일체제고난고보)

者 자	能 능	明 명	心 심	足 족	諸 제	提 리
猶 유	拔 발	翳 예	者 자	安 안	度 도	心 심
如 여	一 일	故 고	猶 유	立 립	身 신	者 자
臥 와	切 체	菩 보	如 여	一 일	故 고	猶 유
具 구	身 신	提 리	眼 안	切 체	菩 보	如 여
息 식	見 견	心 심	藥 약	諸 제	提 리	善 선
除 제	刺 자	者 자	滅 멸	功 공	心 심	手 수
生 생	故 고	猶 유	除 제	德 덕	者 자	防 방
死 사	菩 보	如 여	一 일	故 고	猶 유	護 호
諸 제	提 리	鉗 겸	切 체	菩 보	如 여	一 일
勞 로	心 심	鑷 섭	無 무	提 리	好 호	切 체

菩 보	如 여	菩 보	故 고	如 여	解 해	苦 고
提 리	伏 복	薩 살	菩 보	好 호	一 일	故 고
心 심	藏 장	出 출	提 리	珍 진	切 체	菩 보
者 자	出 출	要 요	心 심	財 재	生 생	提 리
猶 유	功 공	道 도	者 자	能 능	死 사	心 심
如 여	德 덕	故 고	如 여	除 제	縛 박	者 자
涌 용	財 재	菩 보	大 대	一 일	故 고	如 여
泉 천	無 무	提 리	導 도	切 체	菩 보	善 선
生 생	匱 궤	心 심	師 사	貧 빈	提 리	知 지
智 지	乏 핍	者 자	善 선	窮 궁	心 심	識 식
慧 혜	故 고	猶 유	知 지	事 사	者 자	能 능

水無窮盡故菩提心者猶如
수무궁진고보리심자유여

明鏡普現一切法門像故菩
명경보현일체법문상고보

提心者猶如蓮華不染一切
리심자유여련화불염일체

諸罪垢故菩提心者猶如大
제죄구고보리심자유여대

河流引一切度攝法故菩提
하유인일체도섭법고보리

心者如大龍王能雨一切妙
심자여대용왕능우일체묘

法雨故菩提心者猶如命根
법우고보리심자유여명근

任持菩薩大悲身故菩提心 (임지보살대비신고보리심)
者猶如甘露能令安住不死 (자유여감로능령안주불사)
界故菩提心者猶如大網普 (계고보리심자유여대망보)
攝一切諸衆生故菩提心者 (섭일체제중생고보리심자)
猶如罥索攝取一切所應化 (유여견색섭취일체소응화)
故菩提心者猶如鉤餌出有 (고보리심자유여구이출유)
淵中所居者故菩提心者如 (연중소거자고보리심자여)

阿(아)伽(가)陀(타)藥(약)能(능)令(령)無(무)病(병)永(영)安(안)隱(은)

故(고)菩(보)提(리)心(심)者(자)如(여)除(제)毒(독)藥(약)悉(실)能(능)

消(소)歇(헐)貪(탐)愛(애)毒(독)故(고)菩(보)提(리)心(심)者(자)如(여)

善(선)持(지)呪(주)能(능)除(제)一(일)切(체)顚(전)倒(도)毒(독)故(고)

菩(보)提(리)心(심)者(자)猶(유)如(여)疾(질)風(풍)能(능)卷(권)一(일)

切(체)諸(제)障(장)霧(무)故(고)菩(보)提(리)心(심)者(자)如(여)大(대)

寶(보)洲(주)出(출)生(생)一(일)切(체)覺(각)分(분)寶(보)故(고)菩(보)

提心者如好種性出生一切
리심자여호종성출생일체

白淨法故菩提心者猶如住
백정법고보리심자유여주

宅諸功德法所依處故菩提
택제공덕법소의처고보리

心者猶如市肆菩薩商人貿
심자유여시사보살상인무

易處故菩提心者如鍊金藥
역처고보리심자여련금약

能治一切煩惱垢故菩提心
능치일체번뇌구고보리심

者猶如好蜜圓滿一切功德
자유여호밀원만일체공덕

味故菩提心者猶如正道令
미고보리심자유여정도영

諸菩薩入智城故菩提心者
제보살입지성고보리심자

猶如好器能持一切白淨法
유여호기능지일체백정법

故菩提心者猶如時雨能滅
고보리심자유여시우능멸

一切煩惱塵故菩提心者則
일체번뇌진고보리심자즉

爲住處一切菩薩所住處故
위주처일체보살소주처고

菩提心者則爲壽行不取聲
보리심자즉위수행불취성

聞解脫果故菩提心者如淨
문해탈과고보리심자여정

琉璃自性明潔無諸垢故菩
유리자성명결무제구고보

提心者如帝青寶出過世間
리심자여제청보출과세간

二乘智故菩提心者如更漏
이승지고보리심자여갱루

鼓覺諸衆生煩惱睡故菩提
고각제중생번뇌수고보리

心者如清淨水性本澄潔無
심자여청정수성본징결무

垢濁故菩提心者如閻浮金
구탁고보리심자여염부금

暎(영)奪(탈)一(일)切(체)有(유)爲(위)善(선)故(고)菩(보)提(리)心(심)
者(자)如(여)大(대)山(산)王(왕)超(초)出(출)一(일)切(체)諸(제)世(세)
間(간)故(고)菩(보)提(리)心(심)者(자)則(즉)爲(위)所(소)歸(귀)不(불)
拒(거)一(일)切(체)諸(제)來(래)者(자)故(고)菩(보)提(리)心(심)者(자)
則(즉)爲(위)義(의)利(리)能(능)除(제)一(일)切(체)衰(쇠)惱(뇌)事(사)
故(고)菩(보)提(리)心(심)者(자)則(즉)爲(위)妙(묘)寶(보)能(능)令(령)
一(일)切(체)心(심)歡(환)喜(희)故(고)菩(보)提(리)心(심)者(자)如(여)

樓 루	惱 뇌	提 리	伏 복	心 심	菩 보	大 대
那 나	阿 아	心 심	藏 장	無 무	提 리	施 시
風 풍	修 수	者 자	能 능	與 여	心 심	會 회
能 능	羅 라	如 여	攝 섭	等 등	者 자	充 충
動 동	故 고	因 인	一 일	故 고	則 즉	滿 만
一 일	菩 보	陀 다	切 체	菩 보	爲 위	一 일
切 체	提 리	羅 라	諸 제	提 리	尊 존	切 체
所 소	心 심	網 망	佛 불	心 심	勝 승	衆 중
應 응	者 자	能 능	法 법	者 자	諸 제	生 생
化 화	如 여	伏 복	故 고	猶 유	衆 중	心 심
故 고	婆 바	煩 번	菩 보	如 여	生 생	故 고

菩提心者如因陀羅火能燒
一切諸惑習故菩提心者如
佛支提一切世間應供養故
善男子菩提心成就如
是無量功德舉要言之應知
悉與一切佛法諸功德等何
以故因菩提心出生一切諸

사경의 공덕은 십만억 부처님께 공양한 것과 같은 공덕이 있습니다.

菩薩行三世如來從菩提心
보살행삼세여래종보리심

而出生故是故善男子若有
이출생고시고선남자약유

發阿耨多羅三藐三菩提心
발아뇩다라삼먁삼보리심

者則已出生無量功德普能
자즉이출생무량공덕보능

攝取一切智道善男子譬如
섭취일체지도선남자비여

有人得無畏藥離五恐怖何
유인득무외약리오공포하

等爲五所謂火不能燒毒不
등위오소위화불능소독불

能中刀不能傷水不能漂煙
능중도불능상수불능표연

不能熏菩薩摩訶薩亦復如
불능훈보살마하살역부여

是得一切智菩提心藥貪火
시득일체지보리심약탐화

不燒瞋毒不中惑刀不傷有
불소진독부중혹도불상유

流不漂諸覺觀煙不能熏害
류불표제각관연불능훈해

善男子譬如有人得解脫藥
선남자비여유인득해탈약

終無橫難菩薩摩訶薩亦復
종무횡난보살마하살역부

사경의 공덕은 십만억 부처님께 공양한 것과 같은 공덕이 있습니다.

氣 기	藥 약	亦 역	聞 문	如 여	離 리	如 여
者 자	一 일	復 부	氣 기	有 유	一 일	是 시
悉 실	切 체	如 여	則 즉	人 인	切 체	得 득
皆 개	煩 번	是 시	皆 개	持 지	生 생	菩 보
散 산	惱 뇌	持 지	遠 원	摩 마	死 사	提 리
滅 멸	諸 제	菩 보	去 거	訶 하	橫 횡	心 심
善 선	惡 악	提 리	菩 보	應 응	難 난	解 해
男 남	毒 독	心 심	薩 살	伽 가	善 선	脫 탈
子 자	蛇 사	大 대	摩 마	藥 약	男 남	智 지
譬 비	聞 문	應 응	訶 하	毒 독	子 자	藥 약
如 여	其 기	伽 가	薩 살	蛇 사	譬 비	永 영

有人持無勝藥一切怨敵無
能勝者菩薩摩訶薩亦復如
是持菩提心無能勝藥悉能
降伏一切魔軍善男子譬如
有人持毘笈摩藥能令毒箭
自然墮落菩薩摩訶薩亦復
如是持菩提心毘笈摩藥令

貪恚癡諸邪見箭自然墮落
탐에치제사견전자연타락

善男子譬如有人持善見藥
선남자비여유인지선견약

能除一切所有諸病菩薩摩
능제일체소유제병보살마

訶薩亦復如是持菩提心善
하살역부여시지보리심선

見藥王悉除一切諸煩惱病
견약왕실제일체제번뇌병

善男子如有藥樹名珊陀那
선남자여유약수명산타나

有取其皮以塗瘡者瘡則除
유취기피이도창자창즉제

愈(유)然(연)其(기)樹(수)皮(피)隨(수)取(취)隨(수)生(생)終(종)不(불)
可(가)盡(진)菩(보)薩(살)摩(마)訶(하)薩(살)從(종)菩(보)提(리)心(심)
生(생)一(일)切(체)智(지)樹(수)亦(역)復(부)如(여)是(시)若(약)有(유)
得(득)見(견)而(이)生(생)信(신)者(자)煩(번)惱(뇌)業(업)瘡(창)悉(실)
得(득)消(소)滅(멸)一(일)切(체)智(지)樹(수)初(초)無(무)所(소)損(손)
善(선)男(남)子(자)如(여)有(유)藥(약)樹(수)名(명)無(무)生(생)根(근)
以(이)其(기)力(력)故(고)增(증)長(장)一(일)切(체)閻(염)浮(부)提(제)

樹菩薩摩訶薩菩提心樹亦
수보살마하살보리심수역

復如是以其力故增長一切
부여시이기력고증장일체

學與無學及諸菩薩所有善
학여무학급제보살소유선

法善男子譬如有藥名阿藍
법선남자비여유약명아람

婆若用塗身身之與心咸有
바약용도신신지여심함유

堪能菩薩摩訶薩得菩提心
감능보살마하살득보리심

阿藍婆藥亦復如是令其身
아남바약역부여시영기신

心增長善法善男子譬如有
심증장선법선남자비여유

人得念力藥凡所聞事憶持
인득념력약범소문사억지

不忘菩薩摩訶薩得菩提心
불망보살마하살득보리심

念力妙藥悉能聞持一切佛
념력묘약실능문지일체불

法皆無忘失善男子譬如有
법개무망실선남자비여유

藥名大蓮華其有服者住壽
약명대연화기유복자주수

一劫菩薩摩訶薩服菩提心
일겁보살마하살복보리심

사경의 공덕은 십만억 부처님께 공양한 것과 같은 공덕이 있습니다.

衆 중	見 견	翳 예	能 능	人 인	劫 겁	大 대
寶 보	善 선	形 형	見 견	執 집	壽 수	蓮 연
此 차	男 남	妙 묘	菩 보	翳 예	命 명	華 화
珠 주	子 자	藥 약	薩 살	形 형	自 자	藥 약
若 약	如 여	一 일	摩 마	藥 약	在 재	亦 역
在 재	海 해	切 체	訶 하	人 인	善 선	復 부
假 가	有 유	諸 제	薩 살	與 여	男 남	如 여
使 사	珠 주	魔 마	執 집	非 비	子 자	是 시
劫 겁	名 명	不 불	菩 보	人 인	譬 비	於 어
火 화	普 보	能 능	提 리	悉 실	如 여	無 무
焚 분	集 집	得 득	心 심	不 불	有 유	數 수

燒世間能令此海減於一滴
소세간능령차해감어일적

無有是處菩薩摩訶薩菩提
무유시처보살마하살보리

心珠亦復如是住於菩薩大
심주역부여시주어보살대

願海中若常憶持不令退失
원해중약상억지불령퇴실

能壞菩薩一善根者終無是
능괴보살일선근자종무시

處若退其心一切善法皆
처약퇴기심일체선법즉개

散滅善男子如有摩尼名大
산멸선남자여유마니명대

사경의 공덕은 십만억 부처님께 공양한 것과 같은 공덕이 있습니다.

能 능	悉 실	蔽 폐	心 심	悉 실	蔽 폐	光 광
淸 청	無 무	一 일	寶 보	皆 개	一 일	明 명
濁 탁	光 광	切 체	亦 역	不 불	切 체	有 유
水 수	彩 채	二 이	復 부	現 현	寶 보	以 이
菩 보	善 선	乘 승	如 여	菩 보	莊 장	此 차
薩 살	男 남	心 심	是 시	薩 살	嚴 엄	珠 주
摩 마	子 자	寶 보	瓔 영	摩 마	具 구	瓔 영
訶 하	如 여	諸 제	珞 락	訶 하	所 소	珞 락
薩 살	水 수	莊 장	其 기	薩 살	有 유	身 신
菩 보	淸 청	嚴 엄	身 신	菩 보	光 광	者 자
提 리	珠 주	具 구	暎 영	提 리	明 명	暎 영

사경의 공덕은 십만억 부처님께 공양한 것과 같은 공덕이 있습니다.

心(심)珠(주)亦(역)復(부)如(여)是(시)能(능)淸(청)一(일)切(체)煩(번)
惱(뇌)垢(구)濁(탁)善(선)男(남)子(자)譬(비)如(여)有(유)人(인)得(득)
住(주)水(수)寶(보)繫(계)其(기)身(신)上(상)入(입)大(대)海(해)中(중)
不(불)爲(위)水(수)害(해)菩(보)薩(살)摩(마)訶(하)薩(살)亦(역)復(부)
如(여)是(시)得(득)菩(보)提(리)心(심)住(주)水(수)妙(묘)寶(보)入(입)
於(어)一(일)切(체)生(생)死(사)海(해)中(중)終(종)不(불)沈(침)沒(몰)
善(선)男(남)子(자)譬(비)如(여)有(유)人(인)得(득)龍(룡)寶(보)珠(주)

持入龍宮一切龍蛇不能爲
지입용궁일체용사불능위

害菩薩摩訶薩亦復如是得
해보살마하살역부여시득

菩提心大龍寶珠入欲界中
보리심대용보주입욕계중

煩惱龍蛇不能爲害善男子
번뇌용사불능위해선남자

譬如帝釋着摩尼冠暎蔽一
비여제석착마니관영폐일

切諸餘天衆菩薩摩訶薩亦
체제여천중보살마하살역

復如是着菩提心大願寶冠
부여시착보리심대원보관

超(초)過(과)一(일)切(체)三(삼)界(계)衆(중)生(생)善(선)男(남)子(자)
譬(비)如(여)有(유)人(인)得(득)如(여)意(의)珠(주)除(제)滅(멸)一(일)
切(체)貧(빈)窮(궁)之(지)苦(고)菩(보)薩(살)摩(마)訶(하)薩(살)亦(역)
復(부)如(여)是(시)得(득)菩(보)提(리)心(심)如(여)意(의)寶(보)珠(주)
遠(원)離(리)一(일)切(체)邪(사)命(명)怖(포)畏(외)善(선)男(남)子(자)
譬(비)如(여)有(유)人(인)得(득)日(일)精(정)珠(주)持(지)向(향)日(일)
光(광)而(이)生(생)於(어)火(화)菩(보)薩(살)摩(마)訶(하)薩(살)亦(역)

切 체	持 지	復 부	光 광	譬 비	持 지	復 부
善 선	此 차	如 여	而 이	如 여	向 향	如 여
根 근	心 심	是 시	生 생	有 유	智 지	是 시
願 원	珠 주	得 득	於 어	人 인	光 광	得 득
水 수	鑒 감	菩 보	水 수	得 득	而 이	菩 보
善 선	廻 회	提 리	菩 보	月 월	生 생	提 리
男 남	向 향	心 심	薩 살	精 정	智 지	心 심
子 자	光 광	月 월	摩 마	珠 주	火 화	智 지
譬 비	而 이	精 정	訶 하	持 지	善 선	日 일
如 여	生 생	寶 보	薩 살	向 향	男 남	寶 보
龍 용	一 일	珠 주	亦 역	月 월	子 자	珠 주

王(왕)首(수)戴(대)如(여)意(의)摩(마)尼(니)寶(보)冠(관)遠(원)離(리)
一(일)切(체)怨(원)敵(적)怖(포)畏(외)菩(보)薩(살)摩(마)訶(하)薩(살)
亦(역)復(부)如(여)是(시)着(착)菩(보)提(리)心(심)大(대)悲(비)寶(보)
冠(관)遠(원)離(리)一(일)切(체)惡(악)道(도)諸(제)難(난)善(선)男(남)
子(자)如(여)有(유)寶(보)珠(주)名(명)一(일)切(체)世(세)間(간)莊(장)
嚴(엄)藏(장)若(약)有(유)得(득)者(자)令(영)其(기)所(소)欲(욕)悉(실)
得(득)充(충)滿(만)而(이)此(차)寶(보)珠(주)無(무)所(소)損(손)減(감)

菩(보)提(리)心(심)寶(보)珠(주)亦(역)復(부)如(여)是(시)若(약)有(유)
得(득)者(자)令(영)其(기)所(소)願(원)悉(실)得(득)滿(만)足(족)而(이)
菩(보)提(리)心(심)無(무)有(유)損(손)減(감)善(선)男(남)子(자)如(여)
轉(전)輪(륜)王(왕)有(유)摩(마)尼(니)寶(보)置(치)於(어)宮(궁)中(중)
放(방)大(대)光(광)明(명)破(파)一(일)切(체)暗(암)菩(보)薩(살)摩(마)
訶(하)薩(살)亦(역)復(부)如(여)是(시)以(이)菩(보)提(리)心(심)大(대)
摩(마)尼(니)寶(보)住(주)於(어)欲(욕)界(계)放(방)大(대)智(지)光(광)

사경의 공덕은 십만억 부처님께 공양한 것과 같은 공덕이 있습니다.

寶 보	同 동	觀 관	摩 마	此 차	譬 비	悉 실
於 어	菩 보	察 찰	訶 하	光 광	如 여	破 파
百 백	提 리	諸 제	薩 살	明 명	帝 제	諸 제
千 천	心 심	法 법	菩 보	所 소	青 청	趣 취
歲 세	色 색	迴 회	提 리	觸 촉	大 대	無 무
處 처	善 선	向 향	心 심	則 즉	摩 마	明 명
不 부	男 남	善 선	寶 보	同 동	尼 니	黑 흑
淨 정	子 자	根 근	亦 역	其 기	寶 보	暗 암
中 중	如 여	靡 미	復 부	色 색	若 약	善 선
不 불	瑠 류	不 불	如 여	菩 보	有 유	男 남
爲 위	璃 리	卽 즉	是 시	薩 살	爲 위	子 자

臭穢之所染着性本淨故菩
薩摩訶薩菩提心寶亦復如
是於百千劫住欲界中不爲
欲界過患所染猶如法界性
清淨故善男子譬如有寶名
淨光明悉能暎蔽一切寶色
菩薩摩訶薩菩提心寶亦復

人 인	男 남	如 여	菩 보	爲 위	乘 승	如 여
採 채	子 자	是 시	薩 살	火 화	功 공	是 시
得 득	譬 비	能 능	摩 마	焰 염	德 덕	悉 실
船 선	如 여	滅 멸	訶 하	悉 실	善 선	能 능
載 재	海 해	一 일	薩 살	能 능	男 남	暎 영
入 입	中 중	切 체	菩 보	除 제	子 자	蔽 폐
城 성	有 유	無 무	提 리	滅 멸	譬 비	一 일
諸 제	無 무	知 지	心 심	一 일	如 여	切 체
餘 여	價 가	暗 암	寶 보	切 체	有 유	凡 범
摩 마	寶 보	冥 명	亦 역	暗 암	寶 보	夫 부
尼 니	商 상	善 선	復 부	冥 명	名 명	二 이

百千萬種光色價置無與等
백천만종광색가치무여등

者菩提心寶亦復如是住於
자보리심보역부여시주어

生死大海之中菩薩摩訶薩
생사대해지중보살마하살

乘大願船深心相續載之來
승대원선심심상속재지래

入解脫城中二乘功德無能
입해탈성중이승공덕무능

及者善男子如有寶珠名自
급자선남자여유보주명자

在王處閻浮洲去日月輪四
재왕처염부주거일월륜사

萬由旬日月宮中所有莊嚴
만유순일월궁중소유장엄

其珠影現悉皆具足菩薩摩
기주영현실개구족보살마

訶薩發菩提心淨功德寶亦
하살발보리심정공덕보역

復如是住生死中照法界空
부여시주생사중조법계공

佛智日月一切功德悉於中
불지일월일체공덕실어중

現善男子如有寶珠名自在
현선남자여유보주명자재

王日月光明所照之處一切
왕일월광명소조지처일체

財재 寶보 衣의 服복 等등 物물 所소 有유 價가 置치 悉실

不불 能능 及급 菩보 薩살 摩마 訶하 薩살 發발 菩보 提리

心심 自자 在재 王왕 寶보 亦역 復부 如여 是시 一일 切체

智지 光광 所소 照조 之지 處처 三삼 世세 所소 有유 天천

人인 二이 乘승 漏누 無무 漏루 善선 一일 切체 功공 德덕

皆개 不불 能능 及급 善선 男남 子자 海해 中중 有유 寶보

名명 曰왈 海해 藏장 普보 現현 海해 中중 諸제 莊장 嚴엄

事(사)菩(보)薩(살)摩(마)訶(하)薩(살)菩(보)提(리)心(심)寶(보)亦(역)
復(부)如(여)是(시)普(보)能(능)顯(현)現(현)一(일)切(체)智(지)海(해)
諸(제)莊(장)嚴(엄)事(사)善(선)男(남)子(자)譬(비)如(여)天(천)上(상)
閻(염)浮(부)檀(단)金(금)唯(유)除(제)心(심)王(왕)大(대)摩(마)尼(니)
寶(보)餘(여)無(무)及(급)者(자)菩(보)薩(살)摩(마)訶(하)薩(살)發(발)
菩(보)提(리)心(심)閻(염)浮(부)檀(단)金(금)亦(역)復(부)如(여)是(시)
除(제)一(일)切(체)智(지)心(심)王(왕)大(대)寶(보)餘(여)無(무)及(급)

者善男子譬如有人善調龍
法於諸龍中而得自在菩薩
摩訶薩亦復如是得菩提心
善調龍法於諸一切煩惱龍
中而得自在善男子譬如勇
士被執鎧仗一切怨敵無能
降伏菩薩摩訶薩亦復如是

心 심	皆 개	千 천	一 일	子 자	惑 혹	被 피
香 향	不 불	世 세	銖 수	譬 비	諸 제	執 집
亦 역	能 능	界 계	其 기	如 여	惡 악	菩 보
復 부	及 급	滿 만	香 향	天 천	怨 원	提 리
如 여	菩 보	中 중	普 보	上 상	敵 적	大 대
是 시	薩 살	珍 진	熏 훈	黑 흑	無 무	心 심
一 일	摩 마	寶 보	小 소	栴 전	能 능	鎧 개
念 념	訶 하	所 소	千 천	檀 단	屈 굴	仗 장
功 공	薩 살	有 유	世 세	香 향	伏 복	一 일
德 덕	菩 보	價 가	界 계	若 약	善 선	切 체
普 보	提 리	置 치	三 삼	燒 소	男 남	業 업

熏法界聲聞緣覺一切功德
훈법계성문연각일체공덕

皆所不及善男子如白栴檀
개소불급선남자여백전단

若以塗身悉能除滅一切熱
약이도신실능제멸일체열

惱令其身心普得清涼菩薩
뇌영기신심보득청량보살

摩訶薩菩提心香亦復如是
마하살보리심향역부여시

能除一切虛妄分別貪恚癡
능제일체허망분별탐에치

等諸惑熱惱令其具足智慧
등제혹열뇌영기구족지혜

清涼善男子如須彌山若有
청량선남자여수미산약유

近者則同其色菩薩摩訶薩
근자즉동기색보살마하살

菩提心同亦復如是若有近
보리심동역부여시약유근

者悉得同一切智色善男
자실득동일체지색선남

子譬如波利質多羅樹其皮
자비여파리질다라수기피

香氣閻浮提中若波師迦若
향기염부제중약파사가약

薝蔔迦若蘇摩那如是等華
담복가약소마나여시등화

所(소)有(유)香(향)氣(기)皆(개)不(불)能(능)及(급)菩(보)薩(살)摩(마)
訶(하)薩(살)菩(보)提(리)心(심)樹(수)亦(역)復(부)如(여)是(시)所(소)
發(발)大(대)願(원)功(공)德(덕)之(지)香(향)一(일)切(체)二(이)乘(승)
無(무)漏(루)戒(계)定(정)智(지)慧(혜)解(해)脫(탈)解(해)脫(탈)知(지)
見(견)諸(제)功(공)德(덕)香(향)悉(실)不(불)能(능)及(급)善(선)男(남)
子(자)譬(비)如(여)波(파)利(리)質(질)多(다)羅(라)樹(수)雖(수)未(미)
開(개)華(화)應(응)知(지)則(즉)是(시)無(무)量(량)諸(제)華(화)出(출)

生之處菩薩摩訶薩菩提心
생지처보살마하살보리심

樹亦復如是雖未開發一切
수역부여시수미개발일체

智華應知則是無數天人衆
지화응지즉시무수천인중

菩提華所生之處善男子譬
보리화소생지처선남자비

如波利質多羅華一日熏衣
여파리질다라화일일훈의

薝蔔迦華婆利師華蘇摩那
담복가화파리사화소마나

華雖千歲熏亦不能及菩薩
화수천세훈역불능급보살

사경의 공덕은 십만억 부처님께 공양한 것과 같은 공덕이 있습니다.

摩(마)訶(하)薩(살)菩(보)提(리)心(심)華(화)亦(역)復(부)如(여)是(시)
一(일)生(생)所(소)熏(훈)諸(제)功(공)德(덕)香(향)普(보)徹(철)十(시)
方(방)一(일)切(체)佛(불)所(소)一(일)切(체)二(이)乘(승)無(무)漏(루)
功(공)德(덕)百(백)千(천)劫(겁)熏(훈)所(소)不(부)能(능)及(급)善(선)
男(남)子(자)如(여)海(해)島(도)中(중)生(생)椰(야)子(자)樹(수)根(근)
莖(경)枝(지)葉(엽)及(급)以(이)華(화)果(과)一(일)切(체)衆(중)生(생)
恒(항)取(취)受(수)用(용)無(무)時(시)暫(잠)歇(헐)菩(보)薩(살)摩(마)

千 천	一 일	汁 즙	間 간	正 정	從 종	訶 하
兩 량	兩 량	名 명	無 무	法 법	發 발	薩 살
銅 동	變 변	訶 하	有 유	住 주	起 기	菩 보
能 능	千 천	宅 택	間 간	世 세	悲 비	提 리
變 변	兩 량	迦 가	歇 헐	常 상	願 원	心 심
此 차	銅 동	人 인	善 선	時 시	之 지	樹 수
藥 약	悉 실	或 혹	男 남	利 리	心 심	亦 역
菩 보	成 성	得 득	子 자	益 익	乃 내	復 부
薩 살	眞 진	之 지	如 여	一 일	至 지	如 여
摩 마	金 금	以 이	有 유	切 체	成 성	是 시
訶 하	非 비	其 기	藥 약	世 세	佛 불	始 시

薩살 亦역 復부 如여 是시 以이 菩보 提리 心심 迴회 向향

智지 藥약 普보 變변 一일 切체 業업 惑혹 等등 法법 悉실

使사 成성 於어 一일 切체 智지 相상 非비 業업 惑혹 等등

能능 變변 其기 心심 善선 男남 子자 譬비 如여 小소 火화

隨수 所소 焚분 燒소 其기 焰염 轉전 熾치 菩보 薩살 摩마

訶하 薩살 菩보 提리 心심 火화 亦역 復부 如여 是시 隨수

所소 攀반 緣연 智지 焰염 增증 長장 善선 男남 子자 譬비

如一燈然百千燈其本一燈 (여일등연백천등기본일등)

無滅無盡菩薩摩訶薩菩提 (무감무진보살마하살보리)

心燈亦復如是普然三世諸 (심등역부여시보연삼세제)

佛智燈而其心燈無滅無盡 (불지등이기심등무감무진)

善男子譬如一燈入於闇室 (선남자비여일등입어암실)

百千年暗悉能破盡菩薩摩 (백천년암실능파진보살마)

訶薩菩提心燈亦復如是入 (하살보리심등역부여시입)

於衆生心室之內百千萬億 (어중생심실지내백천만억)
不可說劫諸業煩惱種種闇 (불가설겁제업번뇌종종암)
障悉能除盡善男子譬如燈 (장실능제진선남자비여등)
炷隨其大小而發光明若益 (주수기대소이발광명약익)
膏油明終不絶菩薩摩訶薩 (고유명종부절보살마하살)
菩提心燈亦復如是大願爲 (보리심등역부여시대원위)
炷光照法界益大悲油教化 (주광조법계익대비유교화)

사경의 공덕은 십만억 부처님께 공양한 것과 같은 공덕이 있습니다.

衆生莊嚴國土施作佛事無
중생장엄국토시작불사무

有休息善男子譬如他化自
유휴식선남자비여타화자

在天王冠閻浮檀眞金天冠
재천왕관염부단진금천관

欲界天子諸莊嚴具皆不能
욕계천자제장엄구개불능

及菩薩摩訶薩亦復如是冠
급보살마하살역부여시관

菩提心大願天冠一切凡夫
보리심대원천관일체범부

二乘功德皆不能及善男子
이승공덕개불능급선남자

如(여)師(사)子(자)王(왕)哮(효)吼(후)之(지)時(시)師(사)子(자)兒(아)

聞(문)皆(개)增(증)勇(용)健(건)餘(여)獸(수)聞(문)之(지)則(즉)皆(개)

竄(찬)伏(복)佛(불)師(사)子(자)王(왕)菩(보)提(리)心(심)吼(후)應(응)

知(지)亦(역)爾(이)諸(제)菩(보)薩(살)聞(문)增(증)長(장)功(공)德(덕)

有(유)所(소)得(득)者(자)聞(문)皆(개)退(퇴)散(산)善(선)男(남)子(자)

譬(비)如(여)有(유)人(인)以(이)師(사)子(자)筋(근)而(이)爲(위)樂(악)

絃(현)其(기)音(음)旣(기)奏(주)餘(여)絃(현)悉(실)絶(절)菩(보)薩(살)

摩마 訶하 薩살 亦역 復부 如여 是시 以이 如여 來래 師사
子자 波바 羅라 蜜밀 身신 菩보 提리 心심 筋근 爲위 法법
樂악 絃현 其기 音음 旣기 奏주 一일 切체 五오 欲욕 及급
以이 二이 乘승 諸제 功공 德덕 絃현 悉실 皆개 斷단 滅멸
善선 男남 子자 譬비 如여 有유 人인 以이 牛우 羊양 等등
種종 種종 諸제 乳유 假가 使사 積적 集집 盈영 於어 大대
海해 以이 師사 子자 乳유 一일 滴적 投투 中중 悉실 皆개

變壞直過無礙菩薩摩訶薩
변괴직과무애보살마하살

亦復如是以如來師子菩提
역부여시이여래사자보리

心乳着無量劫業煩惱乳大
심유착무량겁업번뇌유대

海之中悉令壞滅直過無礙
해지중실령괴멸직과무애

終不住於二乘解脫善男子
종불주어이승해탈선남자

譬如迦陵頻伽鳥在卵殼中
비여가릉빈가조재란각중

有大勢力一切諸鳥所不能
유대세력일체제조소불능

及(급)菩(보)薩(살)摩(마)訶(하)薩(살)亦(역)復(부)如(여)是(시)於(어)
生(생)死(사)殼(각)發(발)菩(보)提(리)心(심)所(소)有(유)大(대)悲(비)
功(공)德(덕)勢(세)力(력)聲(성)聞(문)緣(연)覺(각)無(무)能(능)及(급)
者(자)善(선)男(남)子(자)如(여)金(금)翅(시)鳥(조)王(왕)子(자)初(초)
始(시)生(생)時(시)目(목)則(즉)明(명)利(리)飛(비)則(즉)勁(경)捷(첩)
一(일)切(체)諸(제)鳥(조)雖(수)久(구)成(성)長(장)無(무)能(능)及(급)
者(자)菩(보)薩(살)摩(마)訶(하)薩(살)亦(역)復(부)如(여)是(시)發(발)

菩(보)提(리)心(심)爲(위)佛(불)王(왕)子(자)智(지)慧(혜)淸(청)淨(정)
大(대)悲(비)勇(용)猛(맹)一(일)切(체)二(이)乘(승)雖(수)百(백)千(천)
劫(겁)久(구)修(수)道(도)行(행)所(소)不(불)能(능)及(급)善(선)男(남)
子(자)如(여)有(유)壯(장)夫(부)手(수)執(집)利(리)矛(모)刺(자)堅(견)
密(밀)甲(갑)直(직)過(과)無(무)礙(애)菩(보)薩(살)摩(마)訶(하)薩(살)
亦(역)復(부)如(여)是(시)執(집)菩(보)提(리)心(심)銛(섬)利(리)快(쾌)
矛(모)刺(자)諸(제)邪(사)見(견)隨(수)眠(면)密(밀)甲(갑)悉(실)能(능)

사경의 공덕은 십만억 부처님께 공양한 것과 같은 공덕이 있습니다.

穿(천)徹(철)無(무)有(유)障(장)礙(애)善(선)男(남)子(자)譬(비)如(여)
摩(마)訶(하)那(나)伽(가)大(대)力(력)勇(용)士(사)若(약)奮(분)威(위)
怒(노)於(어)其(기)額(액)上(상)必(필)生(생)瘡(창)疱(포)瘡(창)若(약)
未(미)合(합)閻(염)浮(부)提(제)中(중)一(일)切(체)人(인)民(민)無(무)
能(능)制(제)伏(복)菩(보)薩(살)摩(마)訶(하)薩(살)亦(역)復(부)如(여)
是(시)若(약)起(기)大(대)悲(비)必(필)定(정)發(발)於(어)菩(보)提(리)
之(지)心(심)心(심)未(미)捨(사)來(래)一(일)切(체)世(세)間(간)魔(마)

有 유	雖 수	摩 마	巧 교	其 기	如 여	及 급
願 원	未 미	訶 하	餘 여	師 사	射 사	魔 마
智 지	慣 관	薩 살	一 일	技 기	師 사	民 민
解 해	習 습	初 초	切 체	藝 예	有 유	不 불
欲 욕	一 일	始 시	人 인	然 연	諸 제	能 능
一 일	切 체	發 발	所 소	其 기	弟 제	爲 위
切 체	智 지	心 심	不 불	智 지	子 자	害 해
世 세	行 행	亦 역	能 능	慧 혜	雖 수	善 선
間 간	然 연	復 부	及 급	方 방	未 미	男 남
凡 범	其 기	如 여	菩 보	便 편	慣 관	子 자
夫 부	所 소	是 시	薩 살	善 선	習 습	譬 비

二(이) 乘(승) 悉(실) 不(불) 能(능) 及(급) 善(선) 男(남) 子(자) 如(여) 人(인)

學(학) 射(사) 先(선) 安(안) 其(기) 足(족) 後(후) 習(습) 其(기) 法(법) 菩(보)

薩(살) 摩(마) 訶(하) 薩(살) 亦(역) 復(부) 如(여) 是(시) 欲(욕) 學(학) 如(여)

來(래) 一(일) 切(체) 智(지) 道(도) 先(선) 當(당) 安(안) 住(주) 菩(보) 提(리)

之(지) 心(심) 然(연) 後(후) 修(수) 行(행) 一(일) 切(체) 佛(불) 法(법) 善(선)

男(남) 子(자) 譬(비) 如(여) 幻(환) 師(사) 將(장) 作(작) 幻(환) 事(사) 先(선)

當(당) 起(기) 意(의) 憶(억) 持(지) 幻(환) 法(법) 然(연) 後(후) 所(소) 作(작)

悉得成就菩薩摩訶薩亦復
실득성취보살마하살역부

如是將起一切諸佛菩薩神
여시장기일체제불보살신

通幻事先當起意發菩提心
통환사선당기의발보리심

然後一切悉得成就善男子
연후일체실득성취선남자

譬如幻術無色現色菩薩摩
비여환술무색현색보살마

訶薩菩提心相亦復如是雖
하살보리심상역부여시수

無有色不可覩見然能普於
무유색불가도견연능보어

十(시)方(방)法(법)界(계)示(시)現(현)種(종)種(종)功(공)德(덕)莊(장)

嚴(엄)善(선)男(남)子(자)譬(비)如(여)猫(묘)狸(리)纔(재)見(견)於(어)

鼠(서)鼠(서)則(즉)入(입)穴(혈)不(불)敢(감)復(부)出(출)菩(보)薩(살)

摩(마)訶(하)薩(살)發(발)菩(보)提(리)心(심)亦(역)復(부)如(여)是(시)

暫(잠)以(이)慧(혜)眼(안)觀(관)諸(제)惑(혹)業(업)皆(개)則(즉)竄(찬)

匿(닉)不(불)復(부)出(출)生(생)善(선)男(남)子(자)譬(비)如(여)有(유)

人(인)着(착)閻(염)浮(부)金(금)莊(장)嚴(엄)之(지)具(구)暎(영)蔽(폐)

一切皆如聚墨菩薩摩訶薩
일체개여취묵보살마하살
亦復如是着菩提心莊嚴之
역부여시착보리심장엄지
具暎蔽一切凡夫二乘功德
구영폐일체범부이승공덕
莊嚴悉無光色善男子如好
장엄실무광색선남자여호
磁石少分之力則能吸壞諸
자석소분지력즉능흡괴제
鐵鉤鎖菩薩摩訶薩發菩提
철구쇄보살마하살발보리
心亦復如是若起一念悉能
심역부여시약기일념실능

사경의 공덕은 십만억 부처님께 공양한 것과 같은 공덕이 있습니다.

壞(괴)滅(멸)一(일)切(체)見(견)欲(욕)無(무)明(명)鉤(구)鎖(쇄)

善(선)男(남)子(자)如(여)有(유)磁(자)石(석)鐵(철)若(약)見(견)

之(지)則(즉)皆(개)散(산)去(거)無(무)留(류)住(주)者(자)菩(보)薩(살)

摩(마)訶(하)薩(살)發(발)菩(보)提(리)心(심)亦(역)復(부)如(여)是(시)

諸(제)業(업)煩(번)惱(뇌)二(이)乘(승)解(해)脫(탈)若(약)暫(잠)見(견)

之(지)則(즉)皆(개)散(산)滅(멸)無(무)住(주)者(자)善(선)男(남)

子(자)譬(비)如(여)有(유)人(인)入(입)大(대)海(해)一(일)切(체)

사경의 공덕은 십만억 부처님께 공양한 것과 같은 공덕이 있습니다.

水族無能爲害假使入於摩
수족무능위해가사입어마

竭魚口亦不爲彼之所呑噬
갈어구역불위피지소탄서

菩薩摩訶薩亦復如是發菩
보살마하살역부여시발보

提心入生死海諸業煩惱不
리심입생사해제업번뇌불

能爲害假使入於聲聞緣覺
능위해가사입어성문연각

實際法中亦不爲其之所留
실제법중역불위기지소류

難善男子譬如有人飮甘露
난선남자비여유인음감로

菩 보	塗 도	子 자	地 지	甘 감	摩 마	漿 장
薩 살	其 기	譬 비	以 이	露 로	訶 하	一 일
摩 마	目 목	如 여	具 구	法 법	薩 살	切 체
訶 하	雖 수	有 유	廣 광	漿 장	亦 역	諸 제
薩 살	行 행	人 인	大 대	不 불	復 부	物 물
亦 역	人 인	得 득	悲 비	墮 타	如 여	不 불
復 부	間 간	安 안	願 원	聲 성	是 시	能 능
如 여	人 인	繕 선	力 력	聞 문	飲 음	爲 위
是 시	所 소	那 나	故 고	辟 벽	菩 보	害 해
得 득	不 불	藥 약	善 선	支 지	提 리	菩 보
菩 보	見 견	以 이	男 남	佛 불	心 심	薩 살

如 여	畏 외	如 여	不 불	善 선	魔 마	提 리
有 유	障 장	是 시	畏 외	男 남	境 경	心 심
人 인	蓋 개	依 의	餘 여	子 자	界 계	安 안
住 주	惡 악	菩 보	人 인	譬 비	一 일	繕 선
於 어	道 도	提 리	菩 보	如 여	切 체	那 나
水 수	之 지	心 심	薩 살	有 유	衆 중	藥 약
中 중	難 난	大 대	摩 마	人 인	魔 마	能 능
不 불	善 선	勢 세	訶 하	依 의	所 소	以 이
畏 외	男 남	力 력	薩 살	附 부	不 불	方 방
火 화	子 자	王 왕	亦 역	於 어	能 능	便 편
焚 분	譬 비	不 불	復 부	王 왕	見 견	入 입

菩薩摩訶薩亦復如是住菩
보살마하살역부여시주보

提心善根水中不畏二乘解
리심선근수중불외이승해

脫智火善男子譬如有人依
탈지화선남자비여유인의

倚猛將則不怖畏一切怨敵
의맹장즉불포외일체원적

菩薩摩訶薩亦復如是依菩
보살마하살역부여시의보

提心勇猛大將不畏一切惡
리심용맹대장불외일체악

行怨敵善男子如釋天王執
행원적선남자여석천왕집

金剛杵摧伏一切阿修羅衆
금강저최복일체아수라중

菩薩摩訶薩亦復如是持菩
보살마하살역부여시지보

提心金剛杵摧伏一切諸
리심금강저최복일체제

魔外道善男子譬如有人服
마외도선남자비여유인복

延齡藥長得充健不老不瘦
연령약장득충건불로불수

菩薩摩訶薩亦復如是服菩
보살마하살역부여시복보

提心延齡藥於無數劫修
리심연령약어무수겁수

菩 보	善 선	切 체	訶 하	必 필	善 선	菩 보
薩 살	男 남	行 행	薩 살	當 당	男 남	薩 살
摩 마	子 자	願 원	亦 역	先 선	子 자	行 행
訶 하	如 여	先 선	復 부	取 취	譬 비	心 심
薩 살	人 인	當 당	如 여	好 호	如 여	無 무
亦 역	護 호	發 발	是 시	清 청	有 유	疲 피
復 부	身 신	起 기	欲 욕	淨 정	人 인	厭 염
如 여	先 선	菩 보	修 수	水 수	調 조	亦 역
是 시	護 호	提 리	菩 보	菩 보	和 화	無 무
護 호	命 명	之 지	薩 살	薩 살	藥 약	染 염
持 지	根 근	心 심	一 일	摩 마	汁 즙	着 착

佛法亦當先護菩提之心善
불법역당선호보리지심선

男子譬如有人命根若斷不
남자비여유인명근약단불

能利益父母宗親菩薩摩訶
능이익부모종친보살마하

薩亦復如是捨菩提心不能
살역부여시사보리심불능

利益一切衆生不能成就諸
이익일체중생불능성취제

佛功德善男子譬如大海無
불공덕선남자비여대해무

能壞者菩提心海亦復如是
능괴자보리심해역부여시

諸(제)業(업)煩(번)惱(뇌)二(이)乘(승)之(지)心(심)所(소)不(불)能(능)
壞(괴)善(선)男(남)子(자)譬(비)如(여)日(일)光(광)星(성)宿(수)光(광)
明(명)不(불)能(능)暎(영)蔽(폐)菩(보)提(리)心(심)日(일)亦(역)復(부)
如(여)是(시)一(일)切(체)二(이)乘(승)無(무)漏(루)智(지)光(광)所(소)
不(불)能(능)蔽(폐)善(선)男(남)子(자)如(여)王(왕)子(자)初(초)生(생)
卽(즉)爲(위)大(대)臣(신)之(지)所(소)尊(존)重(중)以(이)種(종)性(성)
自(자)在(재)故(고)菩(보)薩(살)摩(마)訶(하)薩(살)亦(역)復(부)如(여)

是於佛法中發菩提心卽爲 (시어불법중발보리심즉위)
耆宿久修梵行聲聞緣覺所 (기숙구수범행성문연각소)
共尊重以大悲自在故善男 (공존중이대비자재고선남)
子譬如王子年雖幼稚一切 (자비여왕자년수유치일체)
大臣皆悉敬禮菩薩摩訶薩 (대신개실경례보살마하살)
亦復如是雖初發心修菩薩 (역부여시수초발심수보살)
行二乘耆舊皆應敬禮善男 (행이승기구개응경례선남)

子(자)譬(비)如(여)王(왕)子(자)雖(수)於(어)一(일)切(체)臣(신)佐(좌)
之(지)中(중)未(미)得(득)自(자)在(재)已(이)具(구)王(왕)相(상)不(불)
與(여)一(일)切(체)諸(제)臣(신)佐(좌)等(등)以(이)生(생)處(처)尊(존)
勝(승)故(고)菩(보)薩(살)摩(마)訶(하)薩(살)亦(역)復(부)如(여)是(시)
雖(수)於(어)一(일)切(체)業(업)煩(번)惱(뇌)中(중)未(미)得(득)自(자)
在(재)然(연)已(이)具(구)足(족)菩(보)提(리)之(지)相(상)不(불)與(여)
一(일)切(체)二(이)乘(승)齊(제)等(등)以(이)種(종)性(성)第(제)一(일)

사경의 공덕은 십만억 부처님께 공양한 것과 같은 공덕이 있습니다.

故善男子譬如淸淨摩尼妙
고선남자비여청정마니묘

寶眼有翳故見爲不淨菩薩
보안유예고견위부정보살

摩訶薩菩提心寶亦復如是
마하살보리심보역부여시

無智不信謂爲不淨善男子
무지불신위위부정선남자

譬如有藥爲呪所持若有衆
비여유약위주소지약유중

生見聞同住一切諸病皆得
생견문동주일체제병개득

消滅菩薩摩訶薩菩提心藥
소멸보살마하살보리심약

亦復如是一切善根智慧方
역부여시일체선근지혜방

便菩薩願智共所攝持若有
편보살원지공소섭지약유

衆生見聞同住憶念之者諸
중생견문동주억념지자제

煩惱病悉得除滅善男子譬
번뇌병실득제멸선남자비

如有人常持甘露其身畢竟
여유인상지감로기신필경

不變不壞菩薩摩訶薩亦復
불변불괴보살마하살역부

如是若常憶持菩提心甘露
여시약상억지보리심감로

象 상	子 자	散 산	亦 역	離 리	如 여	令 영
藏 장	如 여	不 불	復 부	散 산	機 기	願 원
若 약	轉 전	能 능	如 여	不 불	關 관	智 지
燒 소	輪 륜	成 성	是 시	能 능	木 목	身 신
此 차	王 왕	就 취	無 무	運 운	人 인	畢 필
香 향	有 유	一 일	菩 보	動 동	若 약	竟 경
王 왕	沈 침	切 체	提 리	菩 보	無 무	不 불
四 사	香 향	佛 불	心 심	薩 살	有 유	壞 괴
種 종	寶 보	法 법	行 행	摩 마	楔 설	善 선
兵 병	名 명	善 선	卽 즉	訶 하	身 신	男 남
悉 실	曰 왈	男 남	分 분	薩 살	卽 즉	子 자

大悲救護衆生金剛處一切智智殊勝境界金處而生非餘衆生善根處生善男子譬如有樹名曰無根不從根生而枝葉華果悉皆繁茂菩薩摩訶薩菩提心樹亦復如是無根可得而能長養一切智

대비구호중생금강처일체지지수승경계금처이생비여중생선근처생선남자비여유수명왈무근부종근생이지엽화과실개번무보살마하살보리심수역부여시무근가득이능장양일체지

智神通大願枝葉華果扶疎
지신통대원지엽화과부소

蔭暎普覆世間善男子譬如
음영보부세간선남자비여

金剛非劣惡器及以破器所
금강비렬악기급이파기소

能容持唯除全具上妙之器
능용지유제전구상묘지기

菩提心金剛亦復如是非下
보리심금강역부여시비하

劣衆生慳嫉破戒懈怠妄念
렬중생간질파계해태망념

無智器中所能容持亦非退
무지기중소능용지역비퇴

失殊勝志願散亂惡覺衆生
실수승지원산란악각중생

器中所能容持唯除菩薩深
기중소능용지유제보살심

心寶器善男子譬如金剛能
심보기선남자비여금강능

穿衆寶菩提心金剛亦復如
천중보보리심금강역부여

是悉能穿徹一切法寶善男
시실능천철일체법보선남

子譬如金剛能壞衆山菩提
자비여금강능괴중산보리

心金剛亦復如是悉能摧壞
심금강역부여시실능최괴

窮 궁	雖 수	二 이	復 부	及 급	雖 수	諸 제
菩 보	有 유	乘 승	志 지	菩 보	破 파	邪 사
提 리	損 손	功 공	劣 렬	提 리	不 부	見 견
心 심	缺 결	德 덕	少 소	心 심	全 전	山 산
金 금	猶 유	善 선	有 유	金 금	一 일	善 선
剛 강	能 능	男 남	虧 휴	剛 강	切 체	男 남
亦 역	除 제	子 자	損 손	亦 역	衆 중	子 자
復 부	滅 멸	譬 비	猶 유	復 부	寶 보	譬 비
如 여	一 일	如 여	勝 승	如 여	猶 유	如 여
是 시	切 체	金 금	一 일	是 시	不 불	金 금
雖 수	貧 빈	剛 강	切 체	雖 수	能 능	剛 강

金 금	如 여	破 파	金 금	悉 실	一 일	有 유
剛 강	金 금	一 일	剛 강	能 능	切 체	損 손
亦 역	剛 강	切 체	亦 역	破 파	生 생	缺 결
復 부	非 비	無 무	復 부	壞 괴	死 사	不 부
如 여	凡 범	知 지	如 여	一 일	善 선	進 진
是 시	人 인	諸 제	是 시	切 체	男 남	諸 제
非 비	所 소	惑 혹	入 입	諸 제	子 자	行 행
劣 렬	得 득	善 선	少 소	物 물	如 여	猶 유
意 의	菩 보	男 남	境 경	菩 보	少 소	能 능
衆 중	提 리	子 자	界 계	提 리	金 금	捨 사
生 생	心 심	譬 비	卽 즉	心 심	剛 강	離 리

之所能得善男子譬如金剛
지소능득선남자비여금강

不識寶人不知其能不得其
불식보인부지기능부득기

用菩提心金剛亦復如是不
용보리심금강역부여시부

知法人不了其能不得其用
지법인불료기능부득기용

善男子譬如金剛無能消滅
선남자비여금강무능소멸

菩提心金剛亦復如是一切
보리심금강역부여시일체

諸法無能消滅善男子如金
제법무능소멸선남자여금

剛(강)杵(저)諸(제)大(대)力(력)人(인)皆(개)不(불)能(능)持(지)唯(유)
除(제)有(유)大(대)那(나)羅(라)延(연)力(력)菩(보)提(리)之(지)心(심)
亦(역)復(부)如(여)是(시)一(일)切(체)二(이)乘(승)皆(개)不(불)能(능)
持(지)唯(유)除(제)菩(보)薩(살)廣(광)大(대)因(인)緣(연)堅(견)固(고)
善(선)力(력)善(선)男(남)子(자)譬(비)如(여)金(금)剛(강)一(일)切(체)
諸(제)物(물)無(무)能(능)壞(괴)者(자)而(이)能(능)普(보)壞(괴)一(일)
切(체)諸(제)物(물)然(연)其(기)體(체)性(성)無(무)所(소)損(손)減(감)

菩(보)提(리)之(지)心(심)亦(역)復(부)如(여)是(시)普(보)於(어)三(삼)
世(세)無(무)數(수)劫(겁)中(중)教(교)化(화)衆(중)生(생)修(수)行(행)
苦(고)行(행)聲(성)聞(문)緣(연)覺(각)所(소)不(불)能(능)者(자)咸(함)
能(능)作(작)之(지)然(연)其(기)畢(필)竟(경)無(무)有(유)疲(피)厭(염)
亦(역)無(무)損(손)壞(괴)善(선)男(남)子(자)譬(비)如(여)金(금)剛(강)
餘(여)不(불)能(능)持(지)唯(유)金(금)剛(강)地(지)之(지)所(소)能(능)
持(지)菩(보)提(리)之(지)心(심)亦(역)復(부)如(여)是(시)聲(성)聞(문)

緣(연)覺(각)皆(개)不(불)能(능)持(지)唯(유)除(제)趣(취)向(향)薩(살)
婆(바)若(야)者(자)善(선)男(남)子(자)如(여)金(금)剛(강)器(기)無(무)
有(유)瑕(하)缺(결)用(용)盛(성)於(어)水(수)永(영)不(불)滲(삼)漏(루)
而(이)入(입)於(어)地(지)菩(보)提(리)心(심)金(금)剛(강)器(기)亦(역)
復(부)如(여)是(시)盛(성)善(선)根(근)水(수)永(영)不(불)滲(삼)漏(루)
令(영)入(입)諸(제)趣(취)善(선)男(남)子(자)如(여)金(금)剛(강)際(제)
能(능)持(지)大(대)地(지)不(불)令(령)墜(추)沒(몰)菩(보)提(리)之(지)

心(심)亦(역)復(부)如(여)是(시)能(능)持(지)菩(보)薩(살)一(일)切(체)
行(행)願(원)不(불)令(령)墜(추)沒(몰)入(입)於(어)三(삼)界(계)善(선)
男(남)子(자)譬(비)如(여)金(금)剛(강)久(구)處(처)水(수)中(중)不(불)
爛(란)不(불)濕(습)菩(보)提(리)之(지)心(심)亦(역)復(부)如(여)是(시)
於(어)一(일)切(체)劫(겁)處(처)在(재)生(생)死(사)業(업)惑(혹)水(수)
中(중)無(무)壞(괴)無(무)變(변)善(선)男(남)子(자)譬(비)如(여)金(금)
剛(강)一(일)切(체)諸(제)火(화)不(불)能(능)燒(소)然(연)不(불)能(능)

令熱菩提之心亦復如是一
령열보리지심역부여시일

切生死諸煩惱火不能燒然
체생사제번뇌화불능소연

不能令熱善男子譬如三千
불능령열선남자비여삼천

世界之中金剛座上能持諸
세계지중금강좌상능지제

佛坐於道場降伏諸魔成等
불좌어도량항복제마성등

正覺非是餘座之所能持菩
정각비시여좌지소능지보

提心座亦復如是能持菩薩
리심좌역부여시능지보살

一切願行諸波羅蜜諸忍諸
일체원행제바라밀제인제

地迴向受記修習菩提助道
지회향수기수습보리조도

之法供養諸佛聞法受行一
지법공양제불문법수행일

切餘心所不能持善男子菩
체여심소불능지선남자보

提心者成就如是無量無邊
리심자성취여시무량무변

乃至不可說不可說殊勝功
내지불가설불가설수승공

德若有衆生發阿耨多羅三
덕약유중생발아녹다라삼

男 남	云 운	德 심	心 여	汝 덕	德 덕	藐 먁
子 자	何 하	故 구	求 발	發 고	法 법	三 삼
汝 여	學 학	善 보	菩 아	阿 선	是 시	菩 보
可 가	菩 보	男 살	薩 뇩	耨 남	故 고	提 리
入 입	薩 살	子 행	行 다	多 자	善 선	心 심
此 차	行 행	如 이	已 라	羅 여	男 남	則 즉
毘 비	修 수	汝 득	得 삼	三 여	子 자	獲 획
盧 로	菩 보	所 여	如 먁	藐 소	汝 여	如 여
遮 자	薩 살	問 시	是 삼	三 문	獲 획	是 시
那 나	道 도	菩 대	大 보	菩 보	善 선	勝 승
莊 장	善 선	薩 공	功 리	提 살	利 리	功 공

嚴藏大樓閣中周徧觀察則
엄장대루각중주변관찰즉

能了知學菩薩行學已成就
능료지학보살행학이성취

無量功德
무량공덕

發 願 文

귀의 삼보하옵고

거룩하신 부처님께 발원하옵나이다.

주　소 : ____________________

전　화 : __________ 불 명 : __________ 성 명 : __________

불기 25 ______ 년 ______ 월 ______ 일